궁금한 건
못 참는 어린이
첫 속담

글 해바라기 기획

해바라기 기획은 어린이 눈높이에 맞춰 어린이 책을 기획하고, 원고를 쓰고 있습니다.
그동안 펴낸 책으로 『저학년이 보는 과학 이야기』, 『1학년이 보는 속담 이야기』, 『저학년이 보는 인체 이야기』, 『저학년이 보는 우주 이야기』, 『저학년이 보는 지구 이야기』, 『저학년이 보는 곤충 이야기』, 『저학년이 보는 동물 이야기』 등이 있습니다.

그림 김진경

대학교에서 동양화를 전공하고 아이들을 가르치다가 아이들을 위한 그림을 그리기 시작했습니다. 그동안 그림을 그린 작품으로는 『3학년을 위한 백과사전』, 『남대천에 연어가 올라오고 있어요』, 『과학 동화』, 『식물 도감』, 『눈의 여왕』, 『20년 후』, 『선녀와 나무꾼』, 『용서』, 『1학년이 보는 속담 이야기』, 『저학년이 보는 우주 이야기』, 『저학년이 보는 곤충 이야기』, 『저학년이 보는 공룡 이야기』 등이 있습니다.

머리말

● 남의 떡이 더 커 보인다

똑같은 것인데 남의 손에 있으면 욕심이 생겨 더 좋아 보인다는 말이에요.

● 냉수 먹고 이 쑤신다

냉수를 마시면 이에 아무것도 끼지 않는데, 고기를 먹은 척 이를 쑤신다는 말로, 겉으로만 있는 척하는 사람에게 쓰는 말이에요.

한 줄의 짧은 말들이지만 그 속에 깊은 뜻을 담고 있어요. 이런 말을 속담이라고 해요. 속담은 우리 조상들의 생각이나 경험, 감정이 전해 내려오면서 만들어진 말이에요. 그래서 속담을 잘 살펴보면 조상의 생활과 풍습이 고스란히 담겨 있답니다.

그럼 속담을 알면 무엇이 좋을까요?

첫째, 풍부한 어휘로 세련된 대화를 할 수 있어요.

내가 숨겨 놓은 사탕을 몰래 한 개 두 개 가져가는 동생에게 "꼬리가 길면 밟히는 법! 범인은 바로 너구나!" 하고 속담을 넣어서 말한다면 좀 멋있어 보이겠지요?

둘째, 속담에는 조상의 삶의 지혜와 슬기가 담겨 있어요.

'돌다리도 두들겨 보고 건너라'는 속담이 있어요. 단단한 돌다리도 건널 때는 무너지지 않을까, 금이라도 간 것 아닌가 두드려 보고 건너라는 말로, 잘 아는 일이라도 실수하지 않도록 조심 또 조심하라는 지혜의 말이지요.

어때요? 속담을 알면 좋은 점이 참 많지요?

자, 그럼 지금부터 재미있는 그림과 쉬운 속담 풀이로 초등학교 입학 전에 속담왕이 되어 볼까요?

차례

1장 · 12~91쪽

ㄱ으로 시작하는 속담
1. 가까운 길 버리고 먼 길로 간다 · 14

ㄴ으로 시작하는 속담
53. 낙숫물이 댓돌을 뚫는다 · 67

2장 · 92~167쪽

ㄷ으로 시작하는 속담
77. 다 된 죽에 코 빠뜨리기 · 94

ㅁ으로 시작하는 속담
102. 마른 논에 물대기 · 119

ㅂ으로 시작하는 속담
122. 바늘방석에 앉은 것 같다 · 139

ㅅ으로 시작하는 속담
139. 사공이 많으면 배가 산으로 간다 · 155

168~219쪽 **3장**

ㅇ으로 시작하는 속담
152. 아니 땐 굴뚝에 연기 나랴 • **170**

ㅈ으로 시작하는 속담
165. 재떨이와 부자는 모일수록 더럽다 • **183**

ㅊ으로 시작하는 속담
178. 천리 길도 한 걸음부터 • **196**

ㅋ으로 시작하는 속담
181. 칼로 물 베기 • **199**

ㅌ으로 시작하는 속담
183. 털도 안 난 것이 날기부터 하려 한다 • **201**

ㅍ으로 시작하는 속담
185. 팔십 노인도 세 살 먹은 아이한테 배울 것이 있다 • **203**

ㅎ으로 시작하는 속담
189. 하늘이 무너져도 솟아날 구멍이 있다 • **207**

001 가까운 길 버리고 먼 길로 간다

잘 생각해 보면 쉽게 할 수 있는 일을,
굳이 어렵게 하는 어리석은 사람을
비꼬아 일컫는 말이에요.

002 가까운 이웃이 먼 친척보다 낫다

매일 얼굴 보는 이웃이, 멀리 살면서 서로 얼굴 보기 힘든 친척보다 더 가깝게 느껴진다는 뜻이에요.

003 간에 기별도 안 간다

밥이 적어 몇 숟가락 못 드신 아버지가
"에잇, 간에 기별도 안 가네." 라고
하셨다고요?
너무 적어서 양에 차지 않는다는
말이에요.

16

 ## 004 가뭄에 콩 나듯

비가 오지 않아 가뭄이 들면 식물이
잘 자라지 못해요.
가물 때 콩이 드문드문 나는 것처럼 어떤 일이
드문드문 생길 때 쓰는 말이에요.

005 가는 날이 장날이다

기다리던 소풍날 비가 온대요.
이처럼 마음먹고 한 일이 계획대로 되지 않아
곤란을 겪을 때 쓰는 말이에요.
또 생각지도 못한 행운을 얻게 될 때도 쓰지요.

소풍날인데…

포기해…

006 가랑잎이 솔잎보고 바스락거린다고 한다

잎이 넓은 가랑잎이 잎이 가는 솔잎더러 시끄럽다고 나무란대요. 이처럼 제 허물이 큰 것은 생각하지 못하고 다른 사람의 작은 허물을 들추어 낼 때 쓰는 말이에요.

007 가랑비에 옷 젖는 줄 모른다

시원찮게 오는 가랑비에 설마 옷이 젖을까 하지만,
오래 맞고 있다 보면 옷이 젖는답니다.
이처럼 아무리 사소한 것이라도 자꾸 거듭되면
무시하지 못할 정도로 크게 된다는 말이에요.

008 개똥도 약에 쓰려면 귀하다

개똥은 길에서 흔히 볼 수 있는 똥이에요.
그렇게 흔한 개똥도 막상 약에 쓰려고 하니
구할 수가 없다는 말이에요.
하찮게 여기던 물건도 막상 필요해서 찾으면
귀할 때 쓰는 말이에요.

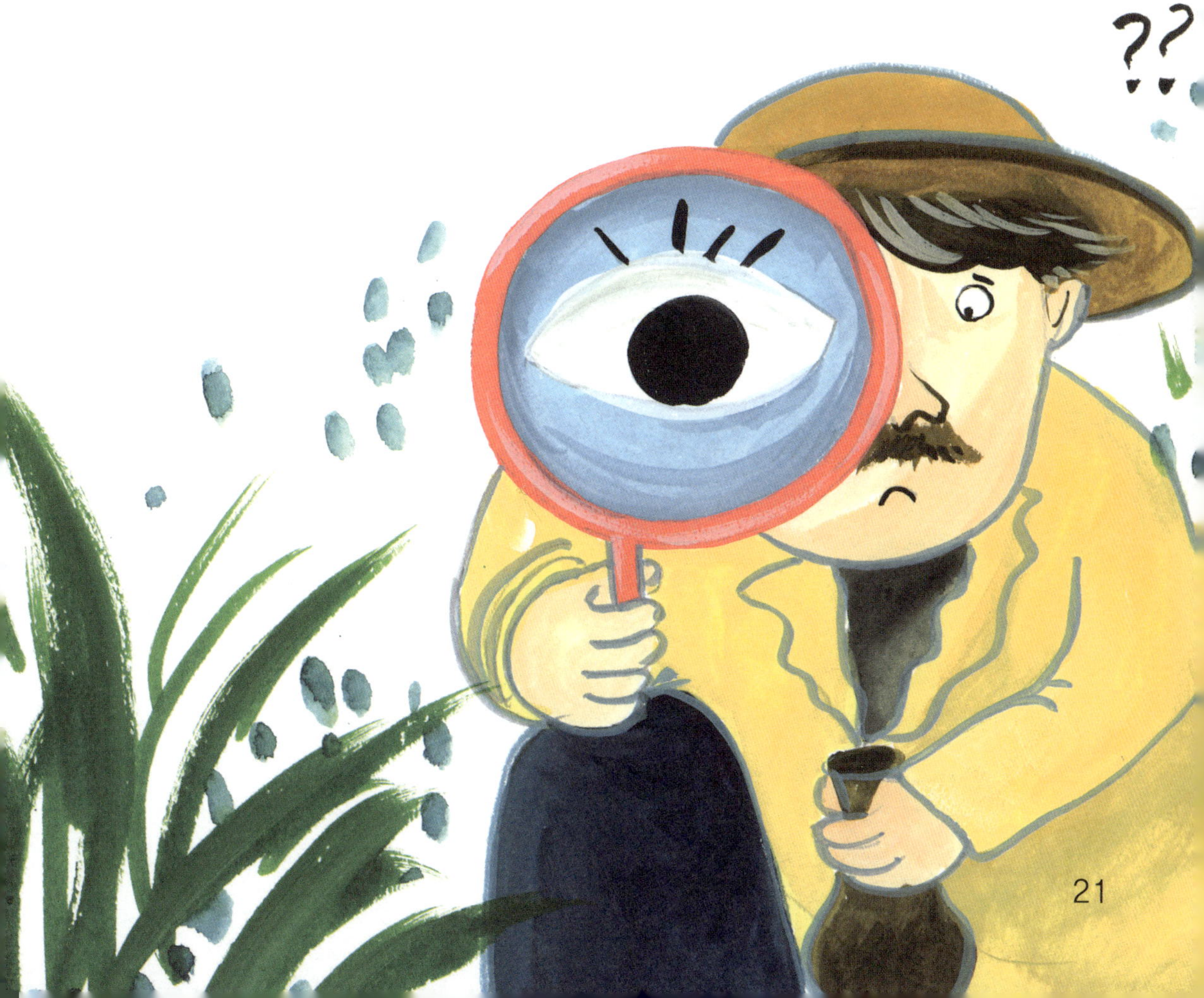

009 가지 많은 나무 바람 잘 날 없다

가지가 많은 나무는 바람에 더 많이 흔들려요. 그처럼 자식이 많으면 부모님의 근심 걱정이 그칠 날이 없다는 말이에요.

메롱~*

011 가루 팔러 가니 바람 불고, 소금 팔러 가니 비가 온다

가루는 바람에 날아가고, 소금은 비에 녹아 버려요.
마치 누가 방해라도 하는 것처럼,
하려고 하는 일이 뜻대로 잘 되지
않을 때 쓰는 말이에요.

아!
내 소금이
다 녹았네...

에구!
빠져 버렸네.

012 감나무 밑에서 홍시 떨어지기만 바란다

나무 밑에 입 벌리고 누워 있다고 홍시가
입속에 쏙 들어올 리 없지요?
이처럼 노력은 하지 않으면서 좋은 결과만
바라는 사람을 비꼬아 일컫는 말이에요.

떨어져라~*

013 간에 붙었다 쓸개에 붙었다 한다

내 이익에만 눈이 어두워서,
줏대 없이 여기에 붙었다
저기에 붙었다 하며
아첨하는 박쥐 같은 사람들을
비꼬아 일컫는 말이에요.

014 강 건너 불구경하듯 한다

불이 강을 건너 옮겨 붙지는 못해요. 이처럼 특히 어려운 일이 닥쳤을 때, 나와는 상관없는 일이라고 무심한 태도로 구경만 하는 사람을 비꼬아 일컫는 말이에요.

불이야!

불났나 보네…

016 강물도 쓰면 준다

강물처럼 흔하다고 생각되는 것도
함부로 쓰다 보면 줄어들기 마련이에요.
뭐든 풍족할 때 절약하는 자세가
필요하겠지요?

저러다 전부 없어지지…

017 강아지 똥은 똥이 아닌가

코끼리가 싼 축구공만 한 똥도, 강아지가 싼
주먹만 한 똥도 똑같이 냄새나고 더러운 똥이지요?
이처럼 나쁜 짓도 크건 작건 똑같이
나쁘다는 뜻이에요.

아이 더러워~

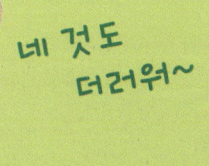

네 것도 더러워~

둘 다 더러워~

018 같은 값이면 다홍치마

돈을 내고 사과를 고르는데,
빛깔도 좋고 모양도 동그랗게 잘생긴 사과와
벌레 먹고 일그러진 모양의 사과가 있다면
어떤 사과를 고를까요?
모양이 좋은 사과를 고르겠지요?
이처럼 값이 같다면 더 나은 것을
가지겠다는 말이에요.

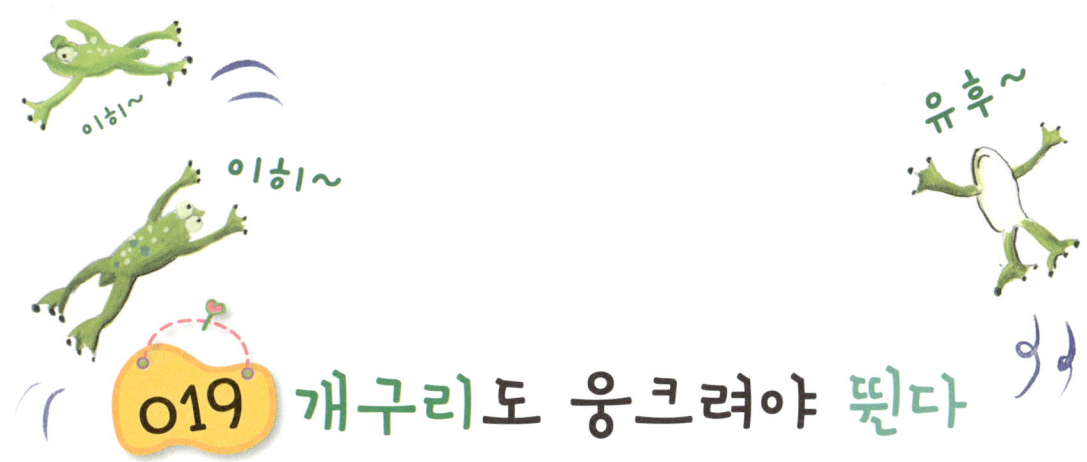

019 개구리도 웅크려야 뛴다

개구리는 몸을 웅크렸다 펄쩍 뛰어요.
이처럼 무슨 일을 할 때는 아무리 급하더라도
준비하는 과정이 있어야 한다는 말이에요.

# 020 개구리 올챙이 적 생각 못한다

펄쩍펄쩍 잘 뛰어다닌다고 개울에서 헤엄치던 때를 잊어버리면 안 되겠죠? 이처럼 잘되고 나자 힘들고 어려웠던 지난날의 고생은 잊어버리고, 우쭐대고 잘난 척하는 사람들을 비꼬아 일컫는 말이에요.

우헤헤~ 그것밖에 못 해?

021 개 눈에는 똥만 보인다

개는 똥만 보면 좋아서
그냥 지나치지 못해요.
이처럼 사람도 누구나 자기가
관심 있어 하는 것이 가장 먼저 눈에
띈다는 뜻이에요.

022 개도 나갈 구멍을 보고 쫓아라

'궁지에 몰린 쥐는 고양이를 문다.' 는 속담 알지요?
이처럼 다른 사람을 몰아세우면 내가 피해를
입을 수도 있으니 갈 길은 남겨 두라는 말이에요.

023 개도 닷새가 되면 주인을 알아본다

아무리 사나운 개도 먹을 것 주고
예뻐해 주는 주인은 알아보고 물지 않아요.
이처럼 신세진 사람의 은혜는
절대 잊어서는 안 된다는
뜻이에요.

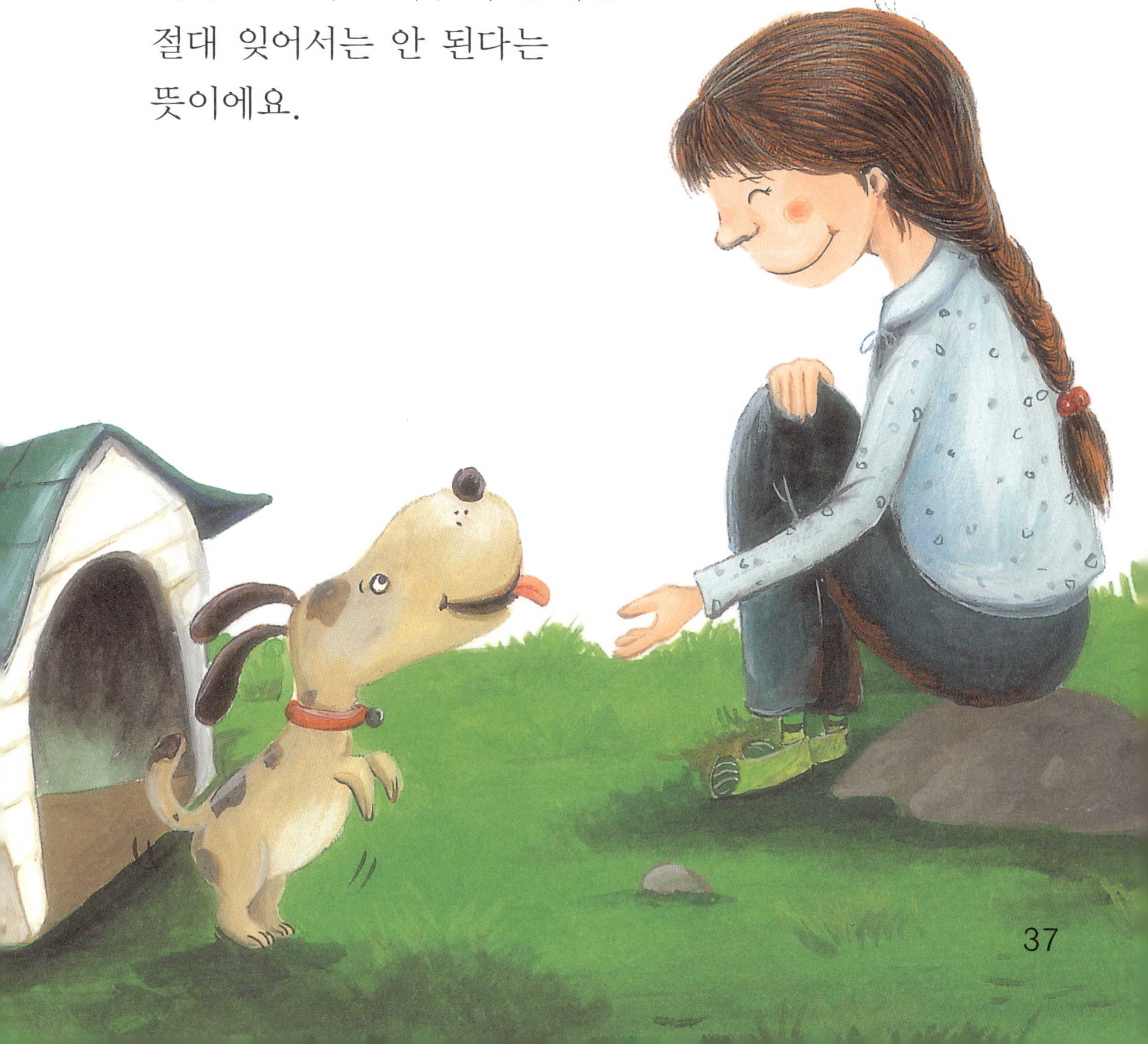

024 개발에 편자

편자는 말이 잘 달릴 수 있게 말굽에 붙이는 쇳조각이에요. 그러니 개한테는 필요 없겠죠? 이처럼 격에 어울리지 않는 차림을 한 사람을 비꼬아 일컫는 말이에요.

025 개 팔자가 상팔자

개는 공부도 안 하고,
먹고 자고 놀기만 하니 참 부럽지요?
이처럼 내 일이 힘들 때, 하는 일 없이 놀고먹는
사람이 부럽다는 뜻으로 쓰는 말이에요.

넌 좋겠다~*

026 개천에서 용 난다

얕은 개천에서 용이 자란 것처럼,
보잘 것 없는 집안에서
훌륭한 인물이 나왔을 때
쓰는 말이에요.

027 급히 먹는 밥이 목이 멘다

어떤 일이든지 바쁘다고 급히 서두르면
일을 그르치기 쉽다는 뜻이에요.

028 거지도 꿈에는 왕노릇 한다

거지도 꿈속에서는 부자도 되고 왕도 될 수 있어요.
이처럼 누구나 마음속으로는 자기가 하고 싶은
일을 마음껏 다 할 수 있다는 말이에요.

029 겉 다르고 속 다르다

선생님 말씀은 잘 들으면서 친구들 말은 무시하는 얄미운 친구들이 있어요. 이처럼 겉으로 드러나는 행동과 마음속으로 품고 있는 생각이 서로 다른 사람에게 쓰는 말이에요.

030 고기 보고 기뻐만 말고 가서 그물을 떠라

물속에 물고기가 많다고 좋아만 하면 내 것이 되나요? 낚싯대를 드리우거나 그물을 던져 잡아야 내 물고기가 되지요. 무슨 일이고 목적을 이루려면 먼저 준비를 하라는 말이에요.

031 고래 싸움에 새우 등 터진다

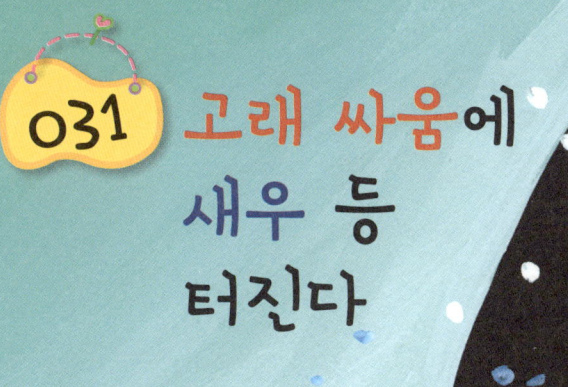

그만 싸워~

몸집이 큰 고래가 싸우고 있으면 그 사이에 낀 새우는 아무 상관 없는데도 등이 터져 죽는답니다.
힘센 사람이 서로 싸우는데 약한 사람이 그 사이에 끼어 해를 입을 때 쓰는 말이에요.

쟤... 터져 죽겠네.

032 고생 끝에 낙이 온다

괴로운 일도 잘 참고 견디면, 반드시 고생한 만큼 좋은 일이 생긴다는 말이에요. 지금 당장은 어렵고 힘든 일이 있더라도, 절대 희망을 버려서는 안 돼요.

고생한 보람이 있네~

여기 물을 전부 사겠어요~.

033 고양이 세수하듯 한다

고양이 세수하는 모습을 엿보면,
앞발에 침을 조금 묻혀서 얼굴 몇 번 문지르고
끝이에요. 이처럼 어떤 일을 할 때 열심히
하지 않고 흉내만 낸다는 뜻이에요.

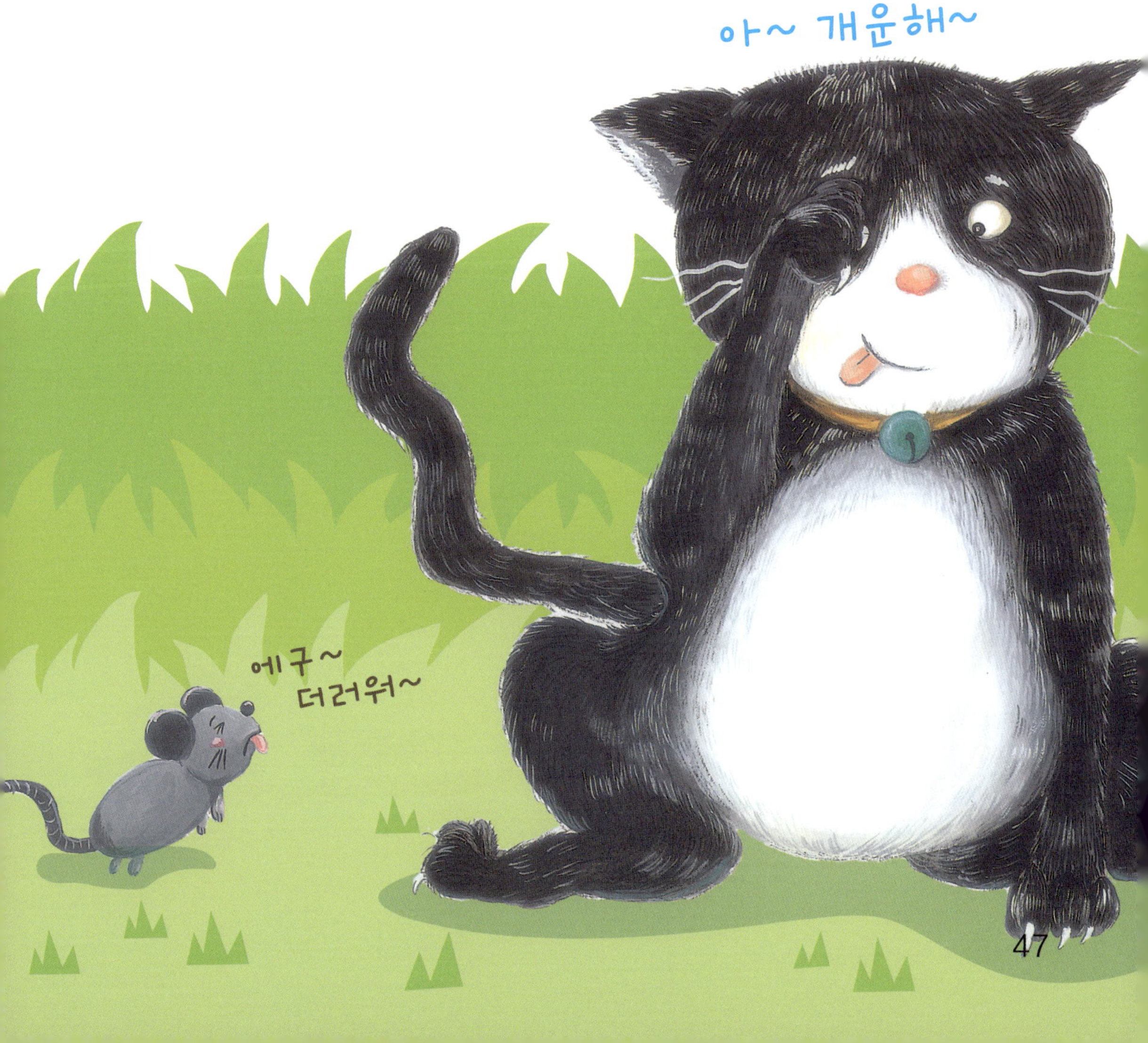

034 고양이 쥐 생각한다

고양이가 쥐를 만났을 때 속으로는 입맛을 다시면서 잡아먹을 생각이면서 겉으로는 안 그런 척하겠지요? 이처럼 속마음은 해칠 생각을 하면서 겉으로는 그렇지 않은 척하는 사람한테 쓰는 말이에요.

이거 먹어.

035 고양이한테 생선 가게를 맡기다

고양이한테 생선 가게를 맡기면 생선이 남아나지 않을 게 뻔해요. 이처럼 믿을 수 없는 사람한테 중요한 일을 맡길 때 쓰는 말이에요.

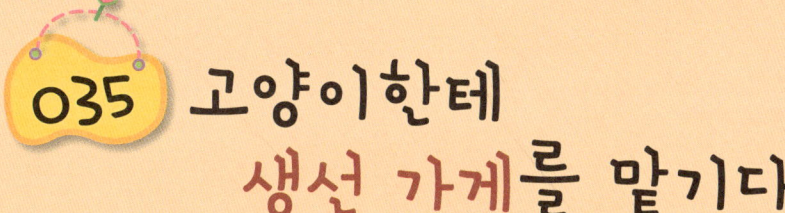

036 고슴도치도 제 새끼는 함함하다고 한다

날카로운 바늘을 가진 고슴도치도 제 새끼의 바늘은 약하다고 한다는 말로, 제 자식의 잘못은 모르고 무조건 편든다는 말이에요.

037 고양이 목에 방울단다

쥐들이 회의를 열었어요.
고양이 목에 방울을 달면
고양이가 오는 것을 알고
피할 수 있으니 고양이 목에 방울을 달자는 거였지요.
하지만 고양이에게 다가가 방울을 달 수 있는 쥐는
한 마리도 없었어요.
실행할 수 없는 일을 헛되이 논하고 있을 때
쓰는 말이에요.

038 구르는 돌에는 이끼가 끼지 않는다

이리저리 구르는 돌에는 이끼 낄 새가 없어요. 제자리에 박혀 있는 돌에만 이끼가 끼는 법이지요. 이처럼 부지런히 노력하는 사람만이 발전할 수 있다는 뜻이에요.

039 구부러진 송곳

구부러진 송곳으로는 구멍을 뚫기 힘들어요.
이처럼 있기는 하지만 쓸모없게 된 물건을
일컫는 말이에요.

040 굴러 온 돌이 박힌 돌 뺀다

새로 온 사람이 오래 있던 사람을 내쫓고 그 자리를 차지한다는 말이에요. 새로 왔으면 그곳 규칙을 익히고 지키는 것이 맞는데, 오히려 전에 있던 돌을 빼냈으니 쫓겨난 돌만 억울하게 됐죠?

왈왈~

041 겁 많은 개가 큰 소리로 짖는다

개가 낯선 사람을 보고 "멍멍" 짖는 것은 겁이 나서라고 해요.
사람도 겁 많고 용기 없는 사람일수록 큰소리를 친답니다.

나… 떨고 있니?

042 귀는 크게 열고 입은 작게 열랬다

말을 많이 하다 보면, 실수할 수 있어요.
입은 작게 열어 내 말은 되도록 적게 하고,
귀는 크게 열어 다른 사람의 말을
많이 들으라는 뜻이에요.

043 귀신이 곡할 노릇이다

곡은 죽은 사람을 위해 소리 내어 우는 것을 말해요. 그런데 귀신이 곡을 한다니, 섬뜩하지요? 이처럼 사람의 일이라고 생각되지 않을 만큼 이상하고 묘한 일에 쓰는 말이에요.

분명히 여기 있었는데…

044 귀에 걸면 귀걸이, 코에 걸면 코걸이

상황에 따라 이렇게 저렇게 말을 바꾸어도 뜻이 잘 통할 때 쓰는 말이에요. 또 어떤 상황을 나에게 유리하게 바꾸는 사람을 비꼬아 일컫는 말이기도 해요.

045 귀한 자식 매 한 대 더 때린다

자식이 귀할수록 잘못했을 때는 따끔하게 혼을 내 나쁜 버릇을 고쳐 주라는 말이에요. 바르게 자라라는 부모님의 깊은 뜻, 이해할 수 있겠지요?

046 길고 짧은 것은 대보아야 안다

길고 짧은 것은 나란히 두고 보아야 알 수 있듯이, 잘하고 못하는 것도 실제로 겨루어 보기 전에는 정확히 판가름할 수 없다는 말이에요.

047 길로 가라니까 산으로 간다

길이 있는데 굳이 힘들게 산을
오를 필요가 있을까요?
이처럼 쉬운 방법을 알려 주어도
고집을 부려 일을 어렵게
하는 어리석은 사람을
비꼬아 일컫는 말이에요.

 까마귀 검기로 속도 검을까

까마귀 깃털이 까맣다고 해서 속살까지 까맣지는
않아요. 이처럼 못생긴 사람도 마음까지
못생긴 것은 아니라는 뜻이에요.
외모만 보고 함부로 사람을 평가해서는 안 되겠죠?

제가 들어 드릴게요~.

049 까마귀 날자 배 떨어진다

하필이면 까마귀가 날 때 배가 떨어져서,
까마귀가 도둑으로 의심 받게 됐어요.
이처럼 서로 관계도 없는 일이 우연히 동시에
일어나 난처하게 되었을 때 쓰는 말이에요.

050 꼬리가 길면 밟힌다

내 엉덩이에 아빠 키만 한 꼬리가 달려 있다고
생각해 봐요. 발에 자꾸 밟히겠죠?
나쁜 행동도 긴 꼬리와 같아서, 오래하면
언젠가 들통이 난다는 뜻이에요.

051 꽃이 좋아야 나비가 모인다

물건이 좋으면 손님이 많아 장사가 잘되는 것처럼, 아름답거나 착한 사람한테는 주위에 사람들이 많이 모여든다는 말이에요.

052 꿩 대신 닭

꿩을 잡지 못해 아쉬운 대로 닭이라도 잡는 것처럼,
꼭 필요한 것을 찾지 못하면 그보다 못하더라도
비슷한 것으로 대신할 때 쓰는 말이에요.

그럼, 이거라도...

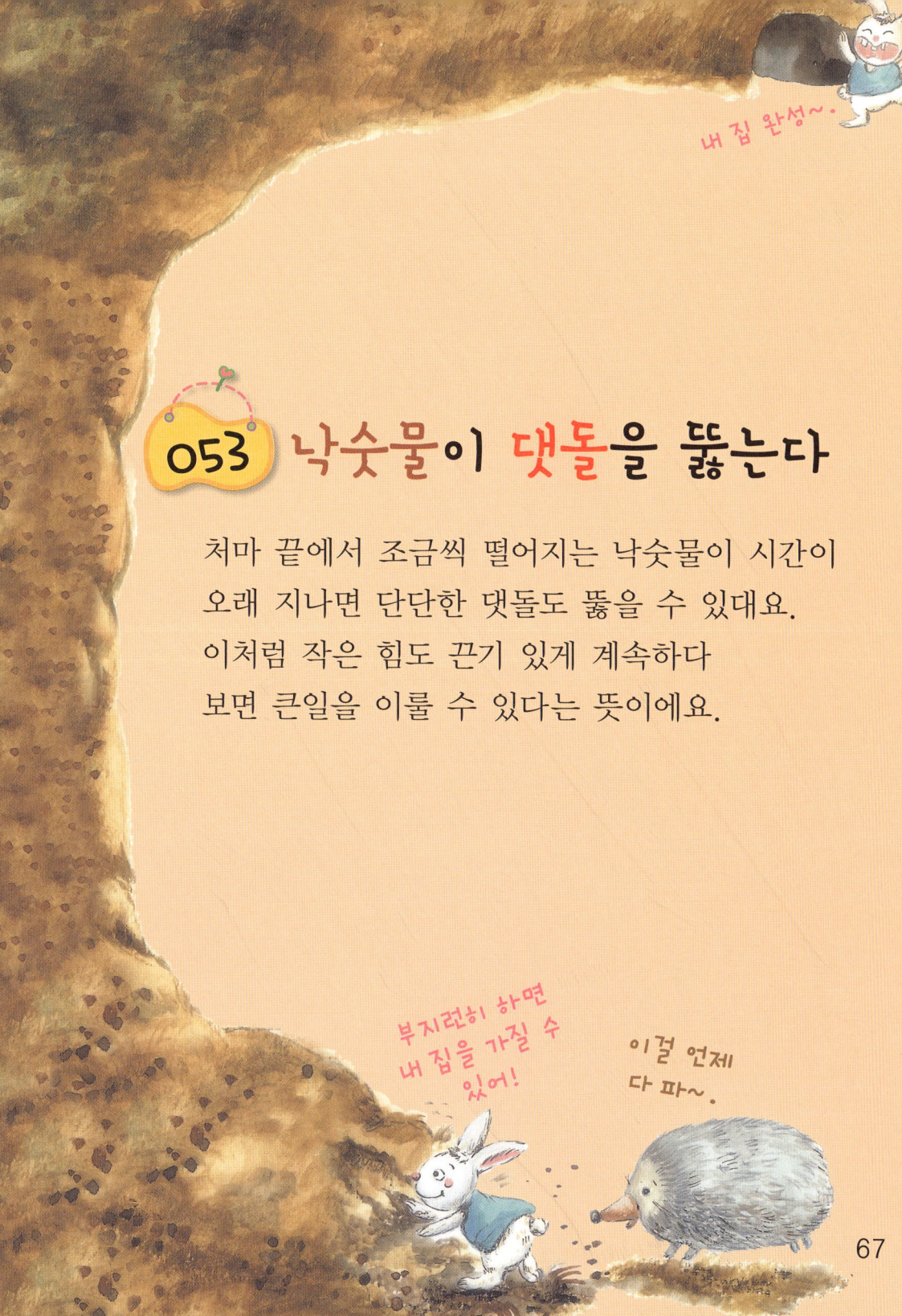

053 낙숫물이 댓돌을 뚫는다

처마 끝에서 조금씩 떨어지는 낙숫물이 시간이 오래 지나면 단단한 댓돌도 뚫을 수 있대요. 이처럼 작은 힘도 끈기 있게 계속하다 보면 큰일을 이룰 수 있다는 뜻이에요.

054 나무만 보고 숲은 보지 못한다

나무만 보고 숲 전체를 보지 못하면 좋은 경치를 봤다고 할 수 없어요. 이처럼 전체를 보지 못하는 시야가 좁은 사람한테 쓰는 말이에요.

055 나무에 오르라 하고 흔드는 격

나무에 올라가게 해 놓고는 떨어지라고
나무를 흔든대요.
이처럼 다른 사람을 꾀어 위험한 곳이나 불행한
처지에 빠지게 하는 것을 일컫는 말이에요.

056 나간 놈의 몫은 있어도 자는 놈의 몫은 없다

나간 사람은 일을 하러 나갔으니 그 사람의 몫을 남겨 두지만, 집에서 자고 있는 사람은 하는 일 없이 게으름을 피우는 것이니 몫을 남겨 두지 않는다는 뜻이에요.
한마디로 게으른 사람은 혜택을 받지 못한다는 말이지요.

057 나쁜 소문은 날아서 가고
좋은 소문은 기어서 간다

나쁜 소문은 아주 빨리 전해지고 좋은 소문은 아주 천천히 전해진다는 말이에요.

058 남의 똥에 주저앉는다

짝꿍이 싼 똥 위에 주저앉았다고
생각해 봐요. 다들 내가 싼 똥인 줄 알겠지요?
이처럼 내가 잘못한 것도 아닌데,
다른 사람의 잘못 때문에
화를 입게 된다는 뜻이에요.

059 남의 손으로 코 푼다

짝꿍이 내 손에다 코를 푼다고 생각해 봐요. 꿀밤 한 대 주고 싶겠지요? 이처럼 제 손 하나 까딱하지 않고 다른 사람의 신세만 지는 사람을 비꼬아 일컫는 말이에요.

060 남의 떡이 더 커 보인다

똑같은 것인데도 남의 손에 있으면
욕심이 생겨 더 좋아 보인다는 말이에요.

061 눈코 뜰 사이 없다

눈과 코를 뜰 사이도 없다니 얼마나 바쁜 걸까요? 정신을 못 차릴 정도로 바쁘다는 뜻으로 쓰이는 말이에요.

062 낮말은 새가 듣고 밤 말은 쥐가 듣는다

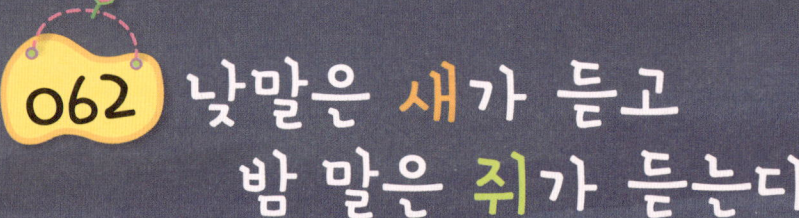

아무도 안 들을 거라 생각하고 말하지만
새나 쥐가 듣는다는 말이에요.
아무도 안 듣는 데서라도 말조심해야 한다는
말이지요.

063 냉수 먹고 이 쑤신다

냉수를 마시면 이에 아무것도 끼지 않아요.
그런데도 무언가를 먹은 척 이를 쑤신다니
참 허세가 심하지요?
실속 없이 겉으로만 있는 척하는
사람에게 쓰는 말이에요.

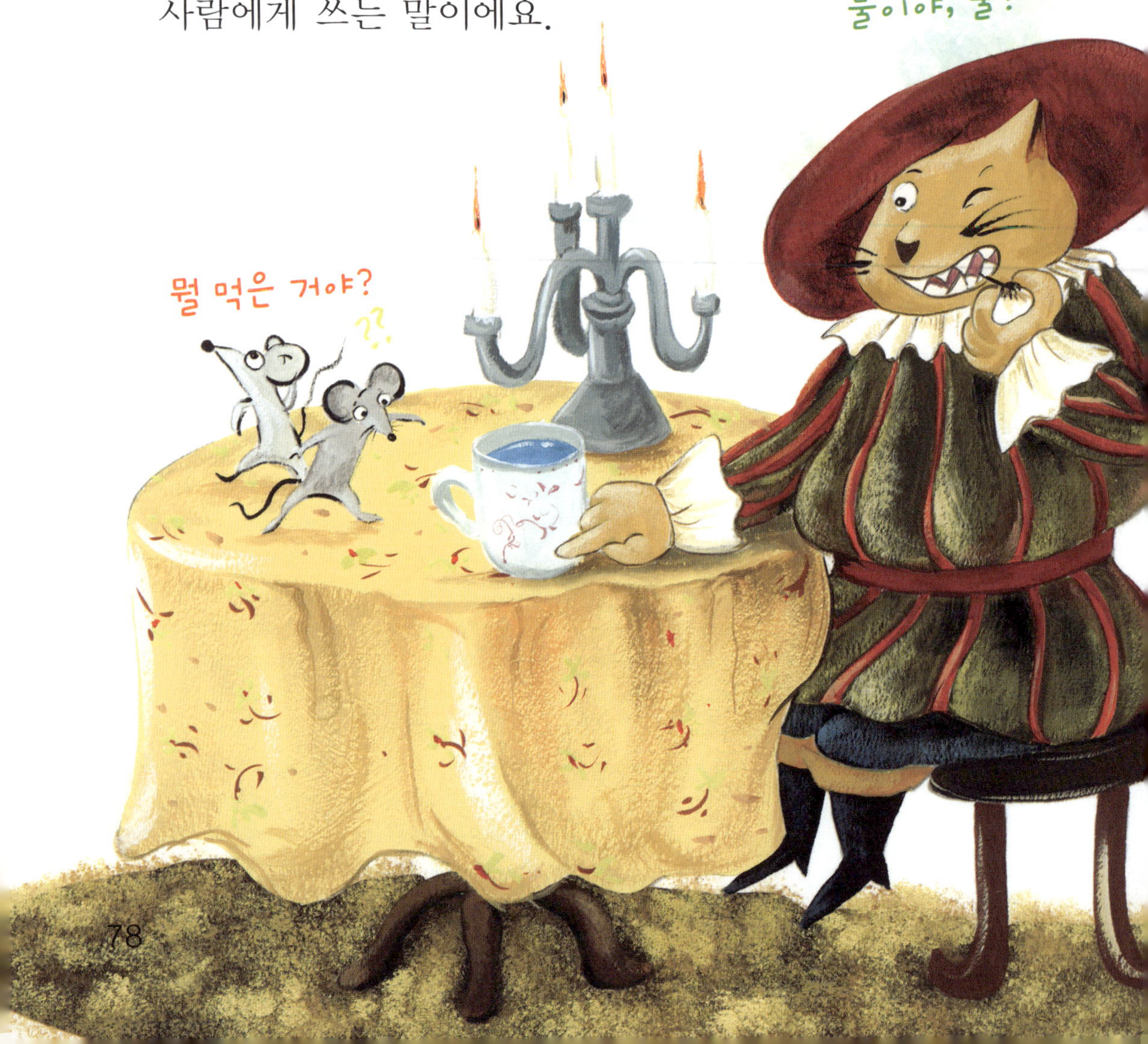

내 코가 석 자

내 코가
피노키오처럼
길쭉하다고 생각해
봐요. 걸어 다니기도
힘들겠죠? 이처럼
어려운 처지라
다른 사람을 도와줄
여유가 없을 때 쓰는 말이에요.

065 너무 아끼다가 똥 된다

물건은 필요할 때 써야지 무조건 아끼다가는 묵어서 버리게 되지요. 이처럼 덮어놓고 아끼기만 하는 것도 좋지 않다는 뜻이에요.

그냥 먹을걸...

066 누울 자리 봐 가면서 다리 뻗는다

피곤하다고 아무 곳에서나 잘 수는 없어요. 이처럼 어떤 일을 하기 전에, 그 결과를 미리 생각해 보고 때와 장소를 가려서 행동하라는 말이에요.

067 네 콩이 크니 내 콩이 크니 한다

콩은 어느 것이나 크기가 비슷하지요.
어느 것이 낫고 못한지 가리기 어려운 것을 가지고
서로 다툴 때 쓰는 말이에요.

내가 더 예뻐!

내가 더 예뻐!

답답하네!

068 누워서 침 뱉기

누워서 침을 뱉으면 어디로 떨어질까요?
바로 자기 얼굴이겠지요?
남을 해치려고 하다가 도리어 자기가
해를 입게 된다는 것을
이르는 말이에요.

069 누워서 떡 먹기

시험 공부를 열심히 하면
시험 문제를 받아도 떨리지 않고
문제가 술술 잘 풀리겠지요?
이처럼 무척 쉬운 일을 할 때
쓰는 말이에요.

당연하지!

누워서 떡 먹기지!

뛸 수 있어?

070 누이 좋고 매부 좋다

매부는 누이의 남편을 말해요.
어떤 일이 누이, 매부 할 것 없이
두루두루 이득이 되고
좋을 때 쓰는 말이에요.

071 눈 가리고 아웅한다

타조는 적으로부터 도망칠 때 얼굴만 모래 속에 푹 파묻는다고 해요. 이처럼 속이 훤히 들여다보이는데도 어설프게 남을 속이려는 사람을 비꼬아 일컫는 말이에요.

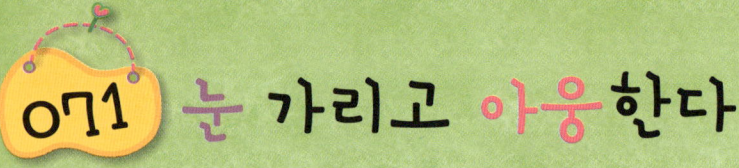

072 늦게 배운 도둑이 날 새는 줄 모른다

평소에는 관심도 없는 일에 뒤늦게 재미를 붙여서, 일찍부터 하던 사람보다 더 열중하게 되었을 때 쓰는 말이에요.

책이 이렇게 재밌는 줄 몰랐는 걸~.

073 눈에 콩깍지가 씌었다

눈에 콩깍지가 씌면, 앞이 잘 보이지 않지요.
눈에 콩깍지가 씌인 것처럼, 사람이나
물건을 객관적으로 판단하지
못할 때 쓰는 말이에요.

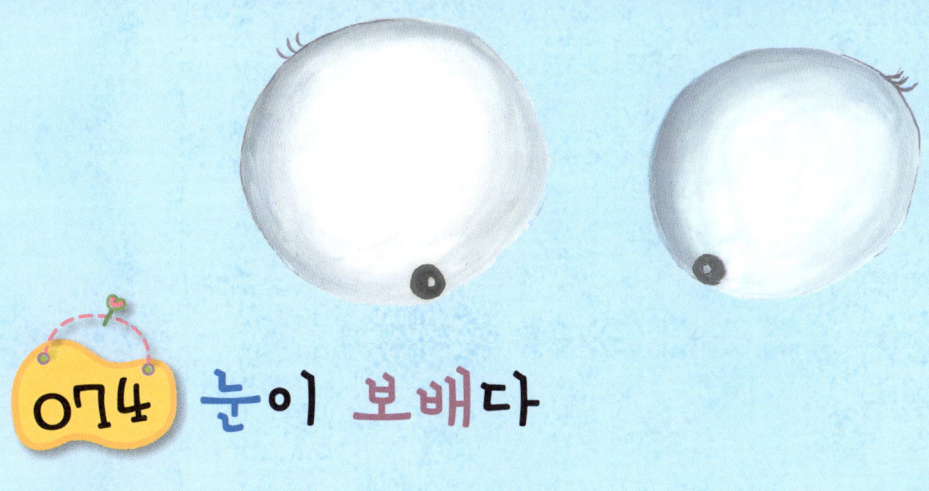

074 눈이 보배다

보배는 보물이라는 뜻이에요.
눈이 보물이라는 말은, 그만큼 눈으로 직접 보고
배우는 것이 값지다는 뜻이에요.

075 눈 뜨고 도둑맞는다

뻔히 알면서도 속거나, 손해를 볼 때 쓰는 말이에요.
세상을 살다 보면, 눈 크게 뜨고 지키고 있어도
이런 일이 생기기도 한답니다.

076 눈엣가시 같다

눈에 가시가 들어가 있다고 생각해 보세요. 얼마나 불편하겠어요. 이처럼 무척 미운 사람을 가리킬 때 쓰는 말이에요.

2장

- ㄷ으로 시작하는 속담
- ㅁ으로 시작하는 속담
- ㅂ으로 시작하는 속담
- ㅅ으로 시작하는 속담

077 다 된 죽에 코 빠뜨리기

이제 먹기만 하면 되는 죽에 코를 풀면 아무도 먹을 수 없어요. 이처럼 다 완성된 일을 마지막에 가서 망치게 되었을 때 쓰는 말이에요. '다 된 밥에 재 뿌리기'와 같은 뜻의 속담이지요.

078 달걀로 바위 치기

달걀을 바위에 던진다고 생각해 봐요.
산산조각 나겠지요? 이처럼 터무니없이
약한 힘으로 강한 것에 무턱대고
덤비는 행동을 비꼬아 일컫는 말이에요.

079 다람쥐 쳇바퀴 돌 듯한다

다람쥐는 쳇바퀴를
계속해서 뱅뱅 돌아요.
이처럼 같은 일이 변하지 않고
계속될 때 쓰는 말이에요.

080 단단한 땅에 물이 고인다

땅바닥이 단단해야 물이 새어 나가지 않고 고여 있어요. 이와 같이 아끼고 쓰지 않는 사람에게 재산이 모인다는 말이에요.

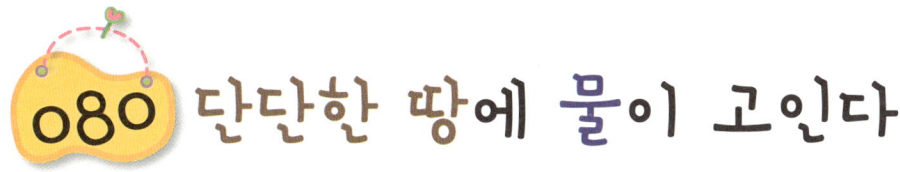

081 달걀에도 뼈가 있다

삶은 달걀을 맛있게 먹는데 뼈가 나왔다고 생각해 봐요.
이처럼 뜻하지 않은 방해가 끼어 재수가 없을 때 쓰는 말이에요. '귀하게 얻은 달걀마저 곯은 달걀이더라.' 는 고사에서 유래한 속담이지요.

082 더운죽에 혀 대기

뜨거운 죽을 먹을 때는
혀를 델까 봐 호호 불어 먹지요?
이처럼 어떤 일에 바싹 덤벼들지 않고
겁을 낼 때 쓰는 말이에요.

083 더도 말고 덜도 말고 늘 한가위만 같아라

설도 큰 명절이지만, 한겨울에 치르는 설보다는 음식이 풍성한 추석이 더 풍요롭지요. 한가위처럼 언제나 풍족하게 잘 먹고 잘 살았으면 좋겠다는 뜻이에요.

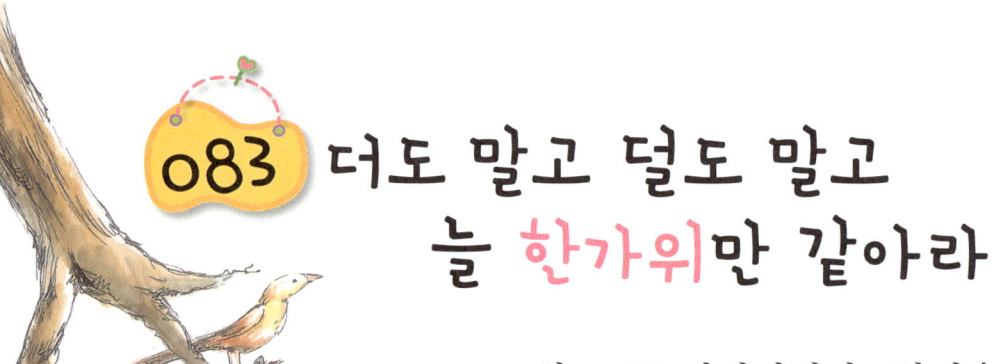

084 닭 쫓던 개 지붕 쳐다보듯 한다

거의 다 잡힌 것 같던 닭이
훌쩍 지붕으로 뛰어 올라가면
개는 더 따라갈 수가 없어요.
이처럼 노력했던 일이
실패로 돌아가 맥이
풀렸을 때 쓰는 말이에요.

085 도랑 치고 가재 잡는다

도랑은 좁은 개울을 말해요. 한 번의 노력으로 두 가지 이익을 얻었을 때 쓰는 말이에요. '꿩 먹고 알 먹고' 라는 속담, '일석이조' 라는 사자성어와 같은 뜻이지요. 또는 일의 순서가 바뀌어서 애쓴 보람이 나타나지 않았을 때 쓰기도 해요.

엄마도 돕고 용돈도 벌고. 히히~.

086 도토리 키 재기

고만고만한 도토리 둘이 누가 더 키가 큰지 키를 잰다면 우습겠지요? 이처럼 별 차이가 없는 사람들이 서로 잘난 체하며 다툴 때 쓰는 말이에요.

087 돌다리도 두들겨 보고 건너라

단단하게 잘 놓인 돌다리를 건널 때도 두드려 보고 건너래요. 이처럼 잘 아는 일이라도 실수하지 않도록 주의를 기울여 신중하게 처리하라는 말이에요.

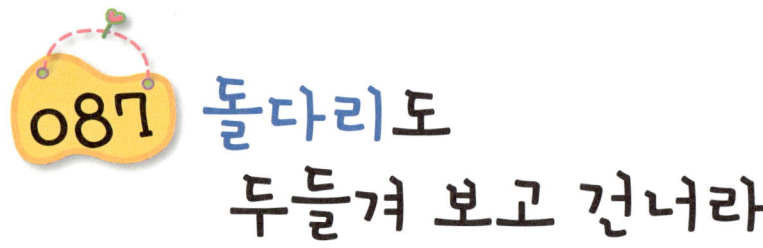

088 동네 개가 싸워도 편들어 준다

하다못해 개들끼리 싸워도 우리 동네 개 편을 들어 준대요.
이처럼 무슨 일이든 가까운 사람의 편을 들게 마련이라는 뜻이에요. '팔은 안으로 굽는다.'와 같은 뜻의 속담이지요.

089 동에 번쩍, 서에 번쩍한다

옛날 이야기 책에 나오는 홍길동이 동에 번쩍,
서에 번쩍 했다는 말 들어 보았나요?
이처럼 짧은 시간에 이쪽저쪽 바쁘게
돌아다니는 사람을 일컫는 말이에요.

090 동냥은 못 주어도 쪽박은 깨지 마라

옛날에는 동냥을 할 때 바가지를 가지고 다녔어요.
동냥하는 사람에게 도움은 주지 않으면서 바가지만 깬다면 참 얄밉겠지요?
도와주지는 못할망정 방해는 하지 말라는 말이에요.

091 두부 먹다 이 빠진다

물렁물렁한 두부를
먹다가 이가 빠진대요.
이처럼 쉽다고 생각했던 일에서
엉뚱하게 실수를 했을 때 쓰는 말이에요.
'홍시 먹다 이 빠진다.' 와 같은 뜻의 속담이지요.

092 두 손에 떡

양손에 맛있는 떡이 있으면 무얼 먼저 먹어야 할까요?
이처럼 한꺼번에 좋은 일이 생겨서 기쁘지만,
무엇을 먼저 해야 할지 몰라 고민될 때 쓰는 말이에요.

093 둘이 먹다가 하나가 죽어도 모른다

옆에 같이 있던 사람이 죽어도 알지 못할 만큼
음식 맛이 무척 좋다는 말이에요.
얼마나 맛있길래 그럴까요? 갑자기 배가 고파지네요.

094 등이 따스우면 배 부르다

옷을 잘 입어서 몸이 따뜻해지면 기분이 좋겠지요? 옷을 잘 입고 있으면 먹지 않아도 배가 부르다는 말이에요.

095
떡 줄 사람은 생각도 않는데 김칫국부터 마신다

상대방은 떡 줄 생각도 하지 않고 있는데, 목이 멜 것을 걱정하면서 김칫국부터 마신대요.
이처럼 혼자 넘겨짚어 미리부터 기대하는 사람을 비꼬아 일컫는 말이에요.

히히~
불쌍하게 보였으니 밥을 줄 테지.

096 떫은 배도 씹어 볼 만하다

첫인상은 좋지 않았는데
둘도 없는 사이가 된 친구처럼,
차차 정을 붙이고 지내다 보면
좋아진다는 뜻이에요.

097 똥 누러 갈 적 마음 다르고 올 적 마음 다르다

자기가 급할 때와 덜 급할 때에 따라 마음이 달라진다는 말이에요.

098 뛰는 놈 위에 나는 놈

아무리 재주가 뛰어나다 하더라도
그보다 더 뛰어난 사람이 있다는 뜻으로,
스스로 뽐내는 사람을
경계하여 이르는 말이에요.

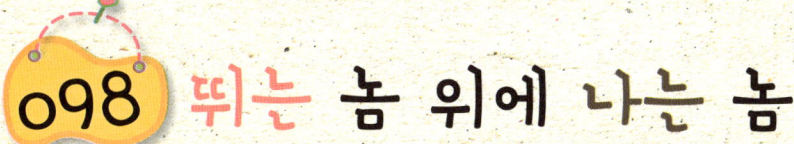

099 똥은 건드릴수록 구린내만 난다

악한 사람은 건드리면
불쾌한 일만 생긴다는 말이에요.

100 때리는 시어미보다 말리는 시누이가 더 밉다

며느리가 보기에 시어머니와 시누이는 한편이지요. 때리는 시어머니도 밉지만, 시어머니와 같은 편이면서 며느리를 위하는 척 시어머니를 말리는 시누이는 더 밉지요. 이처럼 보는 데서는 위해 주는 척하지만 속으로는 그렇지 않은 사람이 더 밉다는 말이에요.

 뛰어야 벼룩이다

벼룩이 하루 종일 뛴다고 해도 우리 집도 벗어나지 못할 거예요. 이처럼 스스로 자신을 훌륭하다고 여기며 뻐기지만 실제로는 별 볼 일 없다는 뜻으로 쓰는 말이에요.

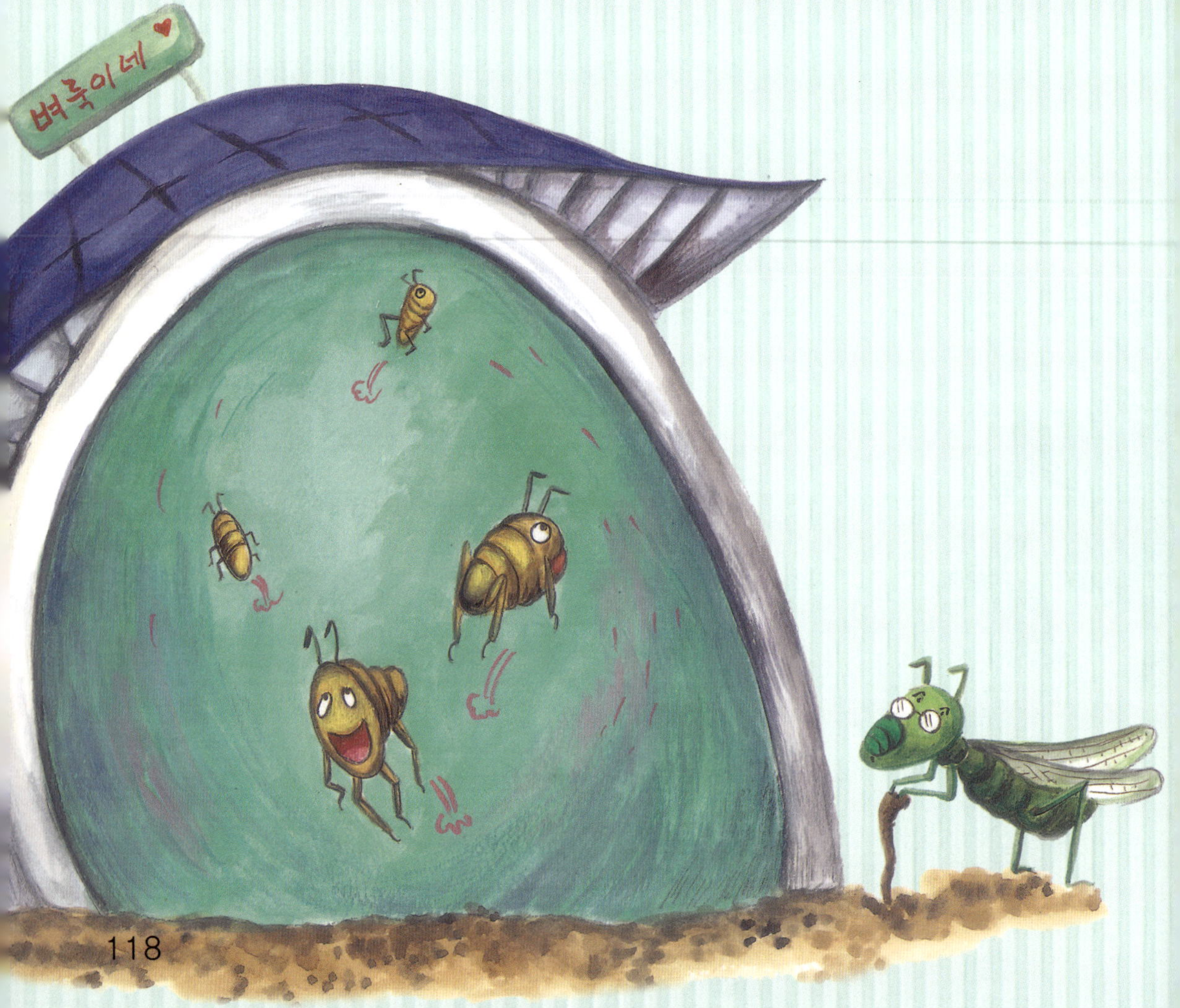

102 마른 논에 물대기

가뭄이 들어 바싹 마른 논은 농부 아저씨가
아무리 물을 퍼 날라도 소용없어요.
이처럼 일이 매우 힘들거나,
힘들게 한 일이 별 성과가 없을 때
쓰는 말이에요.

103 마른하늘에 날벼락

날씨도 맑고 하늘도 푸른데 벼락을 맞는다면 크게 당황스럽겠지요? 이처럼 예상하지 못했던 큰 어려움을 당했을 때 쓰는 말이에요.

104 마음이 즐거우면 발도 가볍다

즐거운 마음으로 놀러 갈 때는 발걸음도 가볍고 힘들지 않지요? 그처럼 기쁘게 하는 일은 즐겁다는 말이에요.

105 말이 많으면 쓸 말이 적다

말을 수다스럽게 많이 하다 보면
쓸데없는 말을 하게 된다는 말이에요.

맞은 놈은 펴고 자고 때린 놈은 오그리고 잔다

피해를 당한 사람은 크게 마음 불편할 것이 없지만, 피해를 준 사람은 다리도 못 뻗고 잘 만큼 마음이 불안하고 편치 않다는 뜻이에요.

107 먹을 때는 개도 안 때린다

먹을 때는 개도 때리지 않으니, 사람이 먹을 때는 당연히 때리거나 꾸짖지 말라는 말이에요.

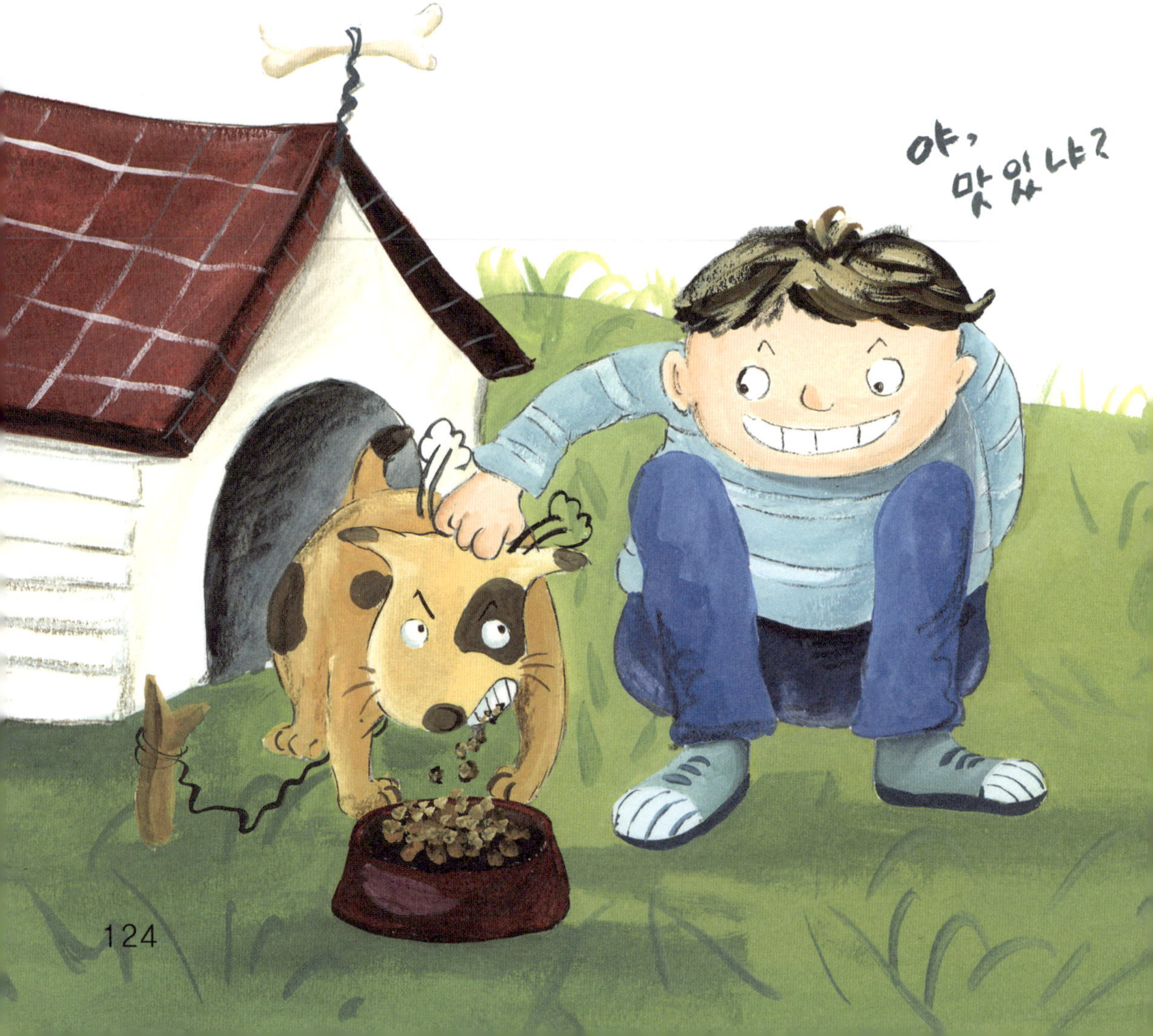

108 모래 위에 쌓은 성

모래는 쉽게 무너지는데 그 위에
성을 쌓으면 어떻게 되겠어요?
금방 무너지겠지요?
　이처럼 기초가 튼튼하지 못하여
　　곧 허물어질 수 있는 물건이나 일을 말해요.

109 메뚜기도 오뉴월이 한철이다

오뉴월이 가장 번성한 메뚜기처럼, 나에게 주어진 좋은 시기를 놓치지 말라는 뜻이에요. 또 그 좋은 시기가 너무 짧다는 뜻으로 쓰이기도 해요.
'매화도 한 철 국화도 한 철이다.' 와 같은 뜻의 속담이에요.

110 모기 보고 칼 뺀다

모기 잡는데 칼까지 빼들 필요는 없지요? 이처럼 작은 일에 거창한 대책을 세우거나, 그리 대수롭지 않은 일에 지나치게 화를 내는 사람을 두고 하는 말이에요.

111 모난 돌이 정 맞는다

정은 삐죽삐죽 모난 돌을 다듬을 때 쓰는 연장이에요.
이처럼 너그럽지 못하고 성격이 나쁜 사람은
다른 사람들과 사사건건 부딪쳐 비난과
미움을 받게 된다는 뜻이에요.

112 문틈에 손을 끼었다

문틈에 손이 끼이면 빼지도 못하고 난감하지요.
이리하지도 저리하지도 못하는
곤란한 경우를 이르는 말이에요.

이를 어째?
호랑이야!

113 목마른 사람이 우물 판다

목마른 사람이 물을 찾아 우물을 파는 것처럼, 아쉽거나 어려움에 처한 사람이 서둘러 일을 해결할 방법을 찾는다는 뜻이에요.

114 못된 송아지 엉덩이에 뿔 난다

여러분 가운데에는 엉덩이에 뿔 난 친구 없지요?
나쁜 짓만 골라 가며 하는 못된 사람을
비꼬아 일컫는 말이에요.

115 물에 빠진 놈 건져 놓으니까 보따리 찾아 달란다

남에게 신세를 지고도 갚기는커녕
도리어 은혜를 베푼 사람을 원망한다는 말이에요.

> 저것도 건졌어야지!!

116 미꾸라지 한 마리가 온 냇물을 흐린다

미꾸라지 한 마리가 흙탕물을 일으켜 맑은 냇물을
흐려 놓듯이, 한 사람의 좋지 않은 행동이
여러 사람에게 나쁜 영향을 줄 때 쓰는 말이에요.

117 못 먹는 감 찔러나 본다

내가 갖지 못하는 것은
심술을 부려서 다른 사람도
갖지 못하게 만들 때
쓰는 말이에요.

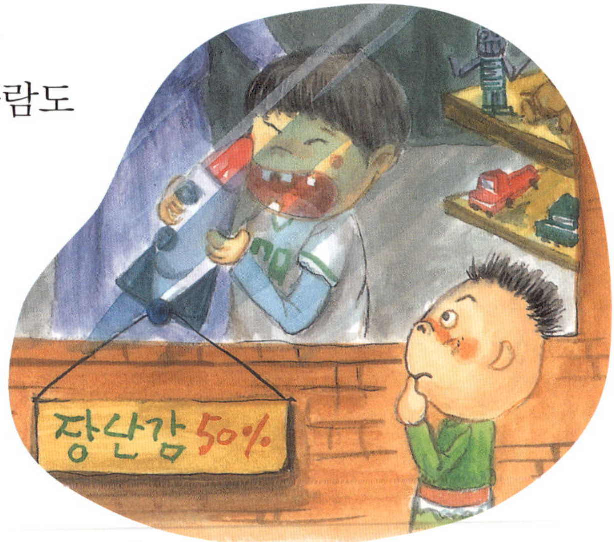

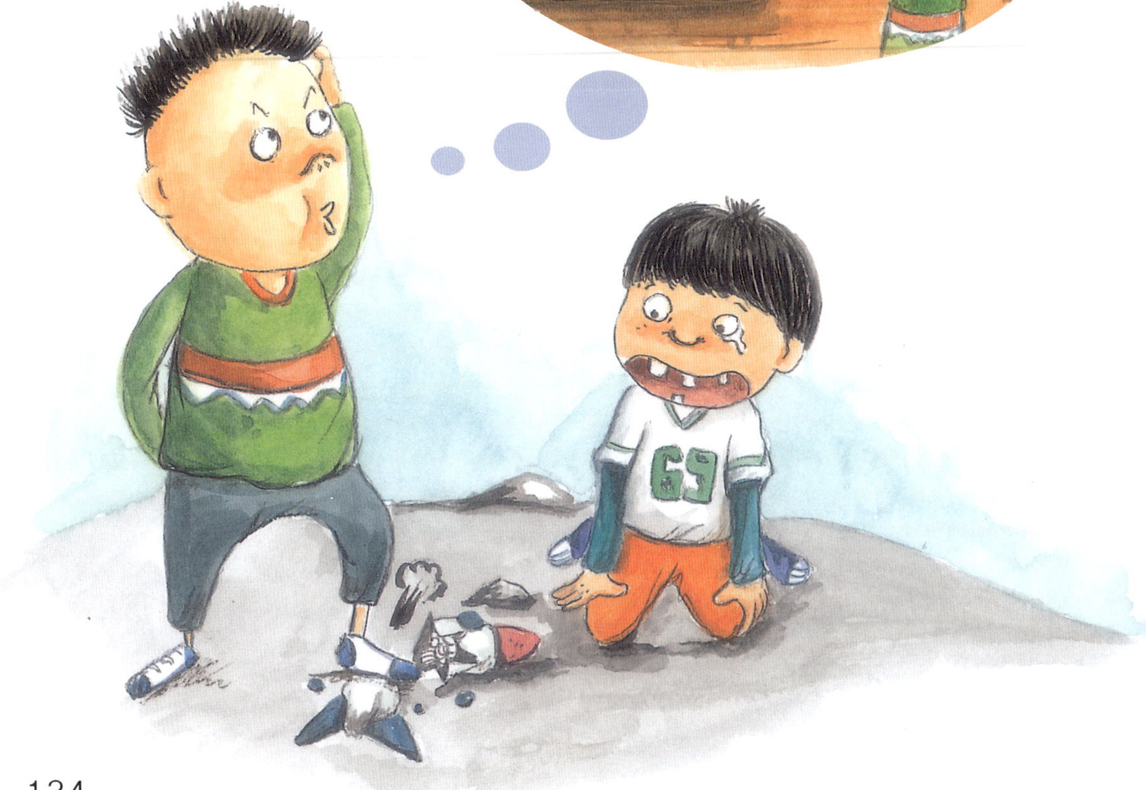

118 밑 빠진 독에 물 길어다 붓기

밑 빠진 독에 물을 부어 보세요.
아무리 물을 부어도 채워지지 않겠죠?
힘을 들여 애써서 해도 끝도
나지 않고, 한 일이 보람도
없다는 말이에요.

얘 지금 뭐 하는 거지?

119 물이 깊을수록 소리가 없다

졸졸졸 얕게 흐르는 시냇물과 달리 깊은 강은 잔잔하고 소리도 크지 않아요. 이처럼 덕이 높고 생각이 깊은 사람은 잘난 체하거나 뽐내지 않는다는 뜻이에요.

120 미꾸라지 용 됐다

한낱 민물고기에 불과한 미꾸라지가
하늘을 나는 용이 된다는 것은 엄청난 일이지요.
이처럼 보잘 것 없는 사람이 훌륭한 인재가
되었을 때 쓰는 말이에요.

아드님이
훌륭하게 컸네요!

121 물에 빠지면 지푸라기라도 잡는다

사람이 물에 빠지면 무엇이라도 잡으려 하지요. 이처럼 위급한 일을 당하면 무엇이나 닥치는 대로 잡고 늘어지게 된다는 말이에요.

122 바늘방석에 앉은 것 같다

바늘방석에 앉으면 따끔거리고 아파서
오래 앉아 있을 수 없겠지요?
몹시 마음이 불편하여 그 자리에 앉아 있기가
힘들다는 말이에요.

123 바늘 도둑이 소도둑 된다

처음에는 바늘같이 하찮은 물건을 훔쳤지만
그것이 자꾸 되풀이 되면 나중에는
소까지 훔치는 큰 도둑이
될 수 있다는 말이에요.

124 바늘구멍으로 하늘 보기

조그만 바늘구멍으로는 넓디넓은 하늘을 제대로 볼 수 없어요. 이처럼 시야가 너무 좁아서 전체를 보지 못하는 사람을 비꼬아 일컫는 말이에요.

125 바람 앞의 등불이다

바람 앞에 놓인 등불은 언제 꺼지게 될지 몰라요.
이처럼 일이나 생명이 위태로운 상태에
처했을 때 쓰는 말이에요.

126 발 없는 말이 천 리 간다

말에 발이 달려 있지 않지만
천 리나 간다는 말로,
말은 퍼지기 쉬우니
조심하라는 소리예요.

127 배보다 배꼽이 더 크다

배보다 배꼽이 더 크다니,
상상하기도 쉽지 않지요?
이처럼 정작 중요한 것보다 그렇지 않은 일이
더 큰 비중을 차지할 때 쓰는 말이에요.

128 백 번 듣는 것이 한 번 보는 것만 못하다

실제로 보니 정말 멋있어!

재미있어 보이는 책을 찾았는데, 그 책을 읽은 친구들의 의견이 모두 달라서 헷갈려요. 이럴 때는 여러 말 듣는 것보다 직접 보고, 경험하는 것이 더 낫다는 뜻이에요.

129 벼룩의 간을 내어 먹는다

아주 작은 벼룩의 몸에 있는 간이라면 얼마나 작겠어요. 작은 벼룩에서 간을 빼먹듯이, 하는 행동이 아주 인색할 때 쓰는 말이에요.

130 봄꽃도 한때이다

화사하게 활짝 핀 봄꽃도 여름이 되면 없어지듯이, 이 세상 부귀영화도 한때라는 말이에요. 뭐든 좋은 시기가 지나면 그만이라는 뜻이지요.

131 봄눈 녹듯한다

봄에 내리는 눈은 한겨울에 내리는 눈처럼 쌓이지 않고 바로 녹아 없어져요. 이처럼 어떤 것이 오래가지 못하고 금세 없어질 때 쓰는 말이에요.

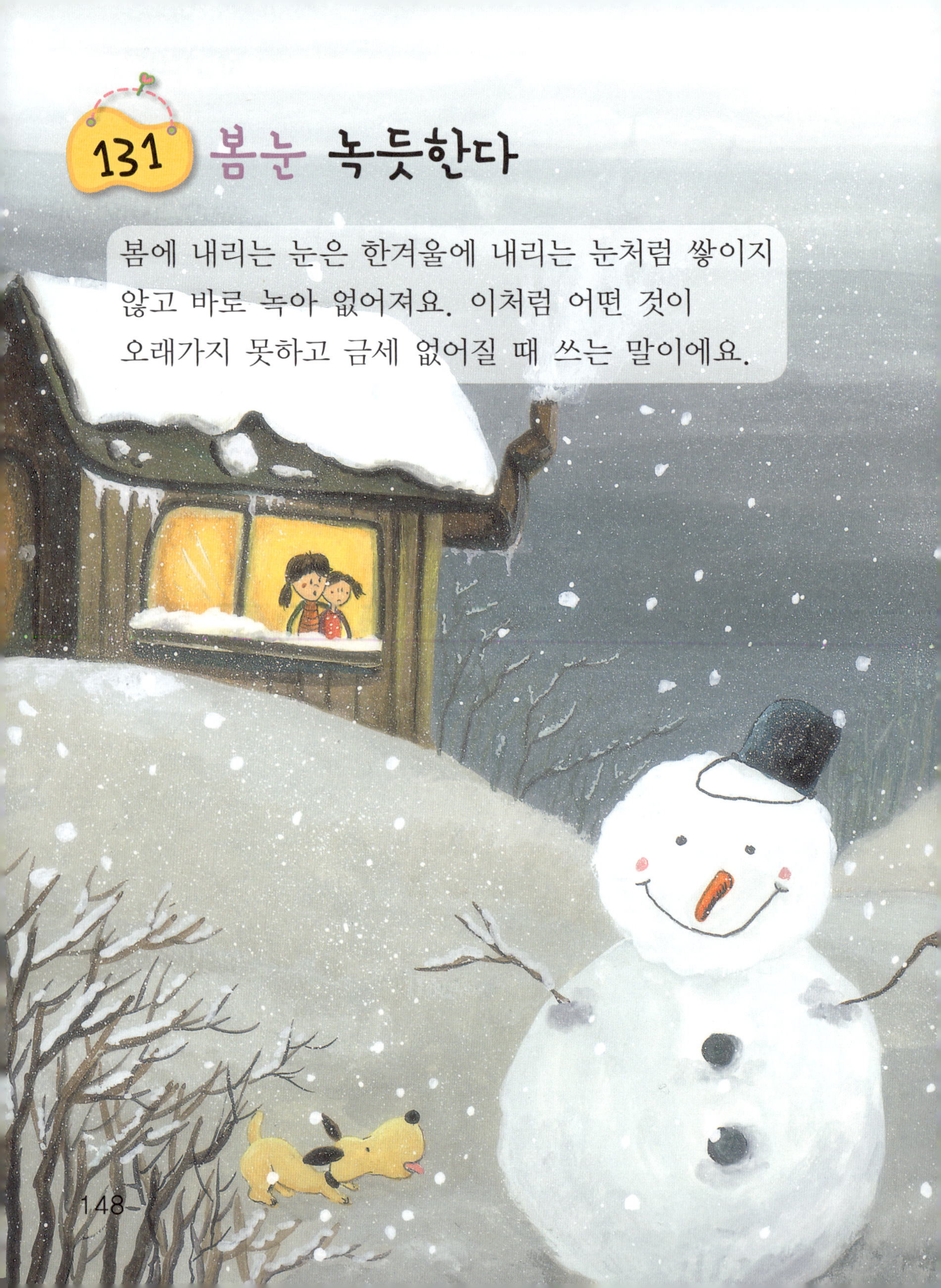

132 부지런한 물레방아는 얼지 않는다

아무리 추운 겨울이라도 부지런히 돌아가는 물레방아는 열이 나기 때문에 얼지 않아요. 이처럼 무슨 일이든 열심히 하면, 발전하게 된다는 뜻이에요.

빈 수레가 요란하다 133
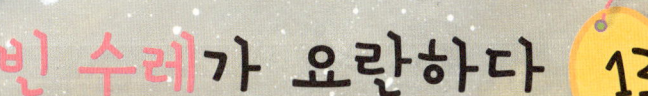

짐을 가득 실은 수레는 묵직하니 소리가 없지만, 가벼운 수레일수록 덜커덩덜커덩 소리가 요란하지요. 이처럼 제대로 알지 못하는 사람이 아는 체하면서 떠들어 대는 것을 비꼬아 일컫는 말이에요.

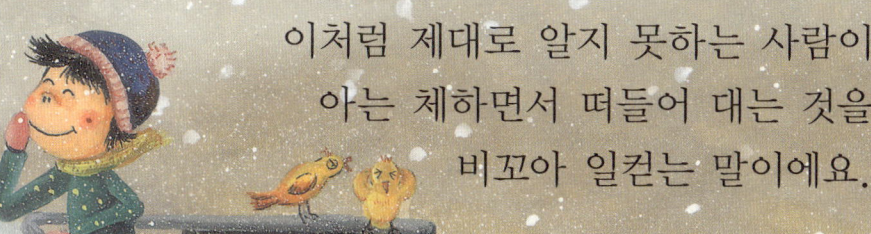

덜커덩~
덜커덩~

134 병 주고 약 준다

병들게 해 놓고 약을 주면 얼마나 얄미울까요?
일이 되지 않도록 방해를 하고는
도와주는 체할 때 하는 말이에요.

아프지?
약 발라 줄게~

135 불난 데 부채질한다

불난 데 가서 부채질을 한다고 생각해 보세요.
참 심통 사나운 일이겠지요?
화가 나 있는 사람의 화를 더 돋우거나 곤란한
사람을 더욱 곤란하게 할 때 쓰는 말이에요.

136 보채는 아이 젖 준다

젖먹이 아기가 보채면 엄마는 배가 고파서 그런가 하고 아기에게 젖을 물리게 되지요. 이처럼 열심히 구하는 사람에게 더 잘 해 주게 된다는 말이에요.

137 부뚜막의 소금도 집어넣어야 짜다

부뚜막에 소금이 있어도 집어서
음식에 넣어야 짠맛을 내지요.
아무리 쉬운 일이라도
하지 않으면 아무 소용이
없다는 말이에요.

138 뿌리 깊은 나무가 가뭄 안 탄다

땅속 깊이 뿌리 내린 나무는 가뭄에도 말라 죽는 일이 없대요. 이처럼 어떤 일이든 바탕이 튼튼하면 큰 시련도 견뎌낼 수 있다는 뜻이에요.

139 사공이 많으면 배가 산으로 간다

노를 젓는 뱃사공이 많으면 배가 빨리 가기는커녕 방향을 잡기도 어려워요. 이처럼 간섭하는 사람이 많으면 일이 제대로 되지 않는다는 뜻이에요.

140 새벽달 보려고 초저녁부터 기다린다

새벽달 보려고 초저녁부터 잠도 안 자고 기다리다가는 지쳐서 못 보기 쉽겠지요? 이처럼 일찍부터 일을 서두르는 성미 급한 사람을 비꼬아 일컫는 말이에요. '우물에 가서 숭늉 찾는다.' 와 같은 뜻의 속담이에요.

빨리 밥이 돼야 하는데.

뭐야! 아무것도 없잖아.

 141 산 입에 거미줄 치랴

아무리 가난해도 살아 있는 사람 입에 거미줄 치지 않을 만큼 먹고살 길은 열린다는 뜻이에요.

우리 집인가?

142 소 닭 보듯

소는 닭에 관심이 없어요. 자신의 먹잇감이 아니기 때문이지요. 이처럼 서로 무심하게 보는 모양을 나타내는 말이에요.

143 산에 가야 범을 잡는다

호랑이를 잡으려면
호랑이가 있는 산에 가야겠지요?
발 벗고 적극적으로 일을 해야 원하던
것을 이룰 수 있다는 말이에요.

덤벼!!
내가 너를
잡겠다!

144 세 살 버릇 여든까지 간다

나도 모르게 손가락 빠는 친구들 있지요?
이처럼 어릴 때 한번 생긴 버릇이나 마음은
쉽게 고치기 어렵다는 뜻이에요.
처음부터 버릇을 잘 들여야 하겠지요?

145 설마가 사람 잡는다

'설마설마' 하다가 낭패 당한 경험 있나요?
'그럴 리 없을 거야.' 하고 마음 놓고
있다가 곤란한 일을 겪게 될 때
쓰는 말이에요.

146 소 잃고 외양간 고친다

소를 잃기 전에 외양간을 단단히 고쳐 놓아야 하는데,
소를 잃고 외양간을 고치면 순서가 잘못된 것이지요.
이처럼 먼저 해야 할 중요한 일을 뒤로 미루다가
귀한 것을 잃게 될 때 쓰는 말이에요.

147 수염이 대 자라도 먹어야 양반이다

아무리 양반이라고 해도 굶고는 살 수 없어요. 먹는 것이 중요하다는 말이에요.

148 손톱 밑에 가시 드는 줄은 알아도 염통 안이 곪는 것은 모른다

손톱 밑에 박힌 가시는 눈에 보이지만, 심장은 곪아도 볼 수가 없어요. 이처럼 눈에 보이는 작은 일에는 예민하게 반응하지만, 눈에 보이지 않는 큰일에는 무뎌 손해를 볼 때 쓰는 말이에요.

149 숯이 검정 나무란다

꿀꿀꿀~
돼지다!

숯은 나무를 숯가마에 넣어
구워 낸 검은 덩어리를 말해요.
내 허물이 큰 것은 생각하지
못하고 다른 사람의 작은
허물만 들추어 낼 때 쓰는
말이에요.

150 시작이 반이다

'열심히 공부할 거야.' 하고 마음먹기는 쉬운데, 막상 책상 앞에 앉기가 참 어렵지요? 이처럼 무슨 일이든 처음이 어렵지, 시작만 하면 끝을 볼 수 있다는 말이에요.

151 시장이 반찬이다

정말 배가 고픈 사람은 맛있는 반찬이 없어도 맛있게 밥을 먹는다는 말이에요. '배가 불러서 반찬 투정한다.'는 엄마 말이 이해가 되죠?

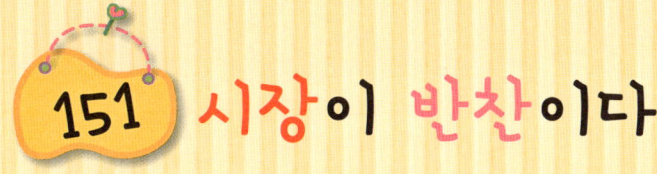

3장

ㅇ 으로 시작하는 속담

ㅈ 으로 시작하는 속담

ㅊ 으로 시작하는 속담

ㅋ 으로 시작하는 속담

ㅌ 으로 시작하는 속담

ㅍ 으로 시작하는 속담

ㅎ 으로 시작하는 속담

 152 아니 땐 굴뚝에 연기 나랴

불을 피운 사람이 없으면, 당연히 굴뚝에 연기 날 일도 없겠지요? 이처럼 모든 일에는 반드시 원인이 있다는 뜻이에요.

153 얌전한 고양이가 부뚜막에 먼저 올라간다

아궁이에 따뜻하게 불을 지피면, 얌전하던 고양이가 가장 먼저 올라가 앉는대요. 이처럼 겉으로는 얌전해 보이는 사람이 얌체 짓을 할 때 쓰는 말이에요.

154 앓던 이 빠진 것 같다

아프던 이가 빠지면 얼마나 시원하겠어요?
이처럼 걱정거리가 없어져서 후련하다는 말이에요.

155 양반은 물에 빠져도 개헤엄은 안 친다

양반은 물에 빠져도 점잖지 못한 개헤엄은 절대 치지 않는다는 말로, 아무리 위급하더라도 체면 깎이는 일은 하지 않는다는 말이에요.

개헤엄이라도 쳐보시지 그래요?

156 양지가 음지 되고 음지가 양지 된다

해가 들던 곳에 그늘이 지고, 그늘지던 곳에 해가 든다는 말이에요. 세상일은 항상 변하기 때문에 잘 나간다고 우쭐할 것 없고, 못 나간다고 기죽지 말라는 뜻이지요.

157 옷은 새 옷이 좋고 사람은 옛 사람이 좋다

유행에 따라 옷도 새로 사고, 가방도, 신발도 새로 사지만 절대 살 수 없는 것이 있어요. 바로 사람이지요! 물건은 새 것이 좋아도, 사람은 오래 사귈수록 더욱 정이 깊어진다는 뜻이에요.

158 옥에도 티가 있다

빛이 곱고 아름다운 보석인 옥에도 티가 있대요.
이처럼 아무리 훌륭한 사람이나 물건에도
찾으면 작은 흠 하나쯤은 보인다는 말이에요.

159 아닌 밤중에 홍두깨

홍두깨는 다듬이질을 할 때 쓰던 나무 막대예요. 한밤중에 들이닥친 홍두깨처럼, 예상치 못한 일이 생기거나, 느닷없는 말이나 행동을 하는 사람에게 쓰는 말이에요.

 ## 용모는 마음의 거울이다

겉모습을 보면 그 사람의
마음도 알 수 있는 경우가 있어요.
사람의 마음은 겉모습에
나타난다는 말이에요.

161 우물을 파도 한 우물을 파라

우물을 파는 데 조금 파다 물이 나오지 않는다고 이곳저곳 다른 곳을 파면 힘만 들지 물은 나오지 않아요.
무슨 일이든 시작하면 그 일을 끝까지 해야 성공할 수 있다는 말이에요.

162 울며 겨자 먹기

코가 찡하게 매운 겨자 소스 먹어 봤을 거예요. 일부러 많이 먹기는 힘든 음식이지요. 이처럼 하기 싫은 일을 억지로 해야 할 때 쓰는 말이에요.

어서 숙제 해!

더 놀고 싶은데…

 163 웃는 낯에 침 뱉으랴

아무리 화가 나도 웃는 사람한테는 쉽게 화를 낼 수가 없지요? 이처럼 표정이 밝고 친절한 사람한테는 매정하게 대할 수 없다는 말이에요. 그러니까 모두 얼굴을 환하게 펴고, 스마일!

164 이불 속에서 활개 친다

나 혼자 이불 속에서 활개를 치면 누가 알겠어요?
이처럼 남 앞에서는 기도 못 펴면서
남이 없는 곳에서만 잘난 체하는 경우를 말해요.

165 재떨이와 부자는 모일수록 더럽다

재떨이에는 담뱃재가 쌓이고, 부자는 재물이 많아도 더 많이 있기를 바라지요. 재물이 모이면 모일수록 재물에 대한 욕심이 더욱더 생기고 마음이 인색해진다는 말이에요.

166 자라 보고 놀란 가슴 솥뚜껑 보고 놀란다

어떤 일에 크게 놀라고 나면,
그와 비슷한 것만 봐도 겁이 난다는 말이에요.
'더위 먹은 소 달만 봐도 헐떡인다.'와 같은
뜻의 속담이지요.

167 잘 그린다고 하니까 뱀발까지 그린다

발 달린 뱀 본 적있나요?
잘한다고 칭찬해 주니까
쓸데없는 짓까지 한다는 뜻이에요.

168 저 먹자니 싫고 남 주자니 아깝다

사람 마음이 참 묘해서 나한테는 이제 필요가 없는 데도 막상 다른 사람한테 주자니 아까운 마음이 든다는 뜻이에요. 정말 욕심쟁이죠?

169 제 버릇 개 줄까

한번 몸에 익은 버릇은 좀처럼 고치기 어렵다는 뜻이에요.

170 제 꾀에 제가 넘어간다

남을 속이려고 머리를 굴리다가 오히려
자신이 그 꾀에 넘어갔다는 뜻이에요.
약은 꾀를 쓰다가 자신이
손해를 볼 때 하는 말이에요.

171 집에서 새는 바가지 들에서도 샌다

이미 구멍 난 바가지는 어디에서든
물이 샐 수밖에 없어요.
깨진 바가지처럼 성품이 좋지 않은 사람은
어디에서나 그 본색이 드러난다는 뜻이에요.

172 종로에서 뺨 맞고 한강에 가서 눈 흘긴다

욕먹은 데에서는 아무 말도 못하고, 엉뚱한 곳에 가서 화풀이를 한다는 뜻이에요. 힘이 약한 사람이 강한 사람한테는 대항하지 못하고 애꿎은 데 가서 화를 낼 때 쓰는 말이지요.

 젖 떨어진 강아지 같다

어미젖을 뗀 강아지는 어미젖이
먹고 싶어 자주 짖게 돼요.
이처럼 몹시 보챌 때 하는 말이에요.

174 죽 쑤어 개 준다

힘들게 쑨 죽을 개한테 주면 개만 참 좋겠지요?
이처럼 애써 한 일이 엉뚱한 사람에게
이득을 줄 때 쓰는 말이에요.

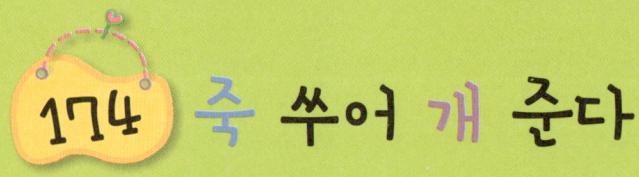

175 쥐구멍에도 볕 들 날 있다

어렵고 힘들게 사는 사람에게도,
쥐구멍에 볕이 드는 것처럼
좋은 날이 있다는 뜻이에요.
희망을 버리지 않고 노력하는
것이 중요하지요.

176 쥐구멍을 찾는다

무엇인가에 쫓기거나 창피해서
몸을 숨기고 싶을 때 쓰는 말이에요.

177 쥐 소금 나르듯

쥐가 소금을 나른다고 생각해 보세요. 아주 조금씩 물어다 나르겠지요? 이렇듯 조금씩 줄어 없어짐을 이르는 말이에요.

178 천리 길도 한 걸음부터

아무리 먼 길이라도 한 걸음 떼는 것부터 시작해요. 이처럼 크고 어려운 일도 처음부터 차근차근 시작하는 것이 중요하다는 말이에요.

179 친구 따라 강남 간다

이리 와~ 우린 친구잖아!!

자신은 하고 싶지 않으나 남에게 끌려서
쫓아 하게 되는 경우에
쓰는 말이에요.

않…않…어. 해~

180 첫 술에 배부르랴?

밥을 한 숟갈 먹어서는 배가 부르지 않아요. 처음 시작하고 바로 훌륭하게 될 수는 없다는 말이지요.

181 칼로 물 베기

정말 친한 친구와는 크게 다투더라도 금세 마음이 풀리고는 해요. 이처럼 사이가 나빴다가도 시간이 지나서 다시 사이가 좋아지게 되었을 때 쓰는 말이에요.

182 콩이야 팥이야 한다

콩이랑 팥처럼
맛도 모양도 비슷한 것을 가지고
다르다고 따질 때 쓰는 말이에요.

183 털도 안 난 것이 날기부터 하려 한다

제 분수에 맞지도 않는
일을 하려고 할 때
쓰는 말이에요.

184 토끼 둘을 잡으려다가 하나도 못 잡는다

한 마리만 쫓았으면 잡았을 텐데, 두 마리를
욕심내다 두 마리를 다 놓치게 되었으니
참 어리석은 사냥꾼이지요?
이처럼 지나친 욕심을 부리다가는
일을 그르칠 수 있다는 뜻이에요.

185 팔십 노인도 세 살 먹은 아이한테 배울 것이 있다

아무리 어린아이라도 배울 것이 있다는 말이에요. 지혜는 반드시 나이대로 가는 것이 아니기 때문이지요.

186 팔이 안으로 굽지 밖으로 굽나

팔이 밖으로 굽는 사람은 없겠지요?
사람은 누구나 자기에게 가까운 사람의 편을
들게 마련이라는 말이에요.

187 평양 감사도 저 싫으면 그만이다

아무리 좋은 일이라도 자기가 하기 싫으면 하지 않는다는 말이에요.

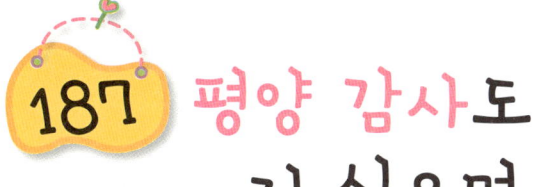

188 푸줏간에 들어가는 소 걸음

푸줏간은 소, 돼지 같은 짐승을 잡아서 고기를 파는 가게예요. 그러니 이곳으로 끌려가는 소의 발걸음은 얼마나 무겁겠어요. 이처럼 하기 싫은 일을 억지로 할 때나, 몹시 무서워서 벌벌 떨 때 쓰는 말이에요.

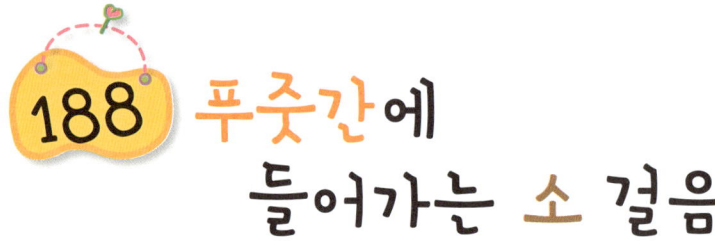

189 하늘이 무너져도 솟아날 구멍이 있다

몹시 어려운 일을 당해도 그것을 해결할 수 있는 방법은 있다는 말이에요.

190 한 귀로 듣고 한 귀로 흘린다

엄마 잔소리 들을 때를 잘 생각해 봐요.
엄마가 어떤 말을 해도 흘려듣고 금방 잊어버리게
되지요? 이처럼 상대방의 말을 귀 기울여 듣지 않고
대충 들을 때 쓰는 말이에요.

191 하나를 보면 열을 안다

수학 공부를 잘하는 친구를 보면,
과학 공부도 잘하게 마련이지요.
이처럼 한 부분만 보고도
전체를 알 수 있을 때
쓰는 말이에요.

엄마!
여기 있어요.

192 하나만 알고 둘은 모른다

사물의 한 면만 보았지,
전체를 두루 알지 못한다는 말이에요.

193 혹 떼러 갔다 혹 붙여 왔다

혹 떼러 갔다가 혹 하나 더 붙이고 온 혹부리 영감 이야기 잘 알지요? 이처럼 이익을 얻으려다가 오히려 손해를 보게 되었을 때 쓰는 말이에요.

194 하룻강아지 범 무서운 줄 모른다

태어난 지 얼마 안 되는 어린 강아지가 호랑이가 무서운 줄 모르고 덤빈다는 말로, 약한 놈이 강한 사람을 무서워하지 않고 철없이 구는 것을 가리키는 말이에요.

195 헌 짚신짝 버리듯 한다

다 신고 난 신발을 버리듯 아낌없이 내버려 돌보지 않는다는 말이에요.

이젠 필요없어!

196 한번 엎지른 물은 다시 주워 담지 못한다

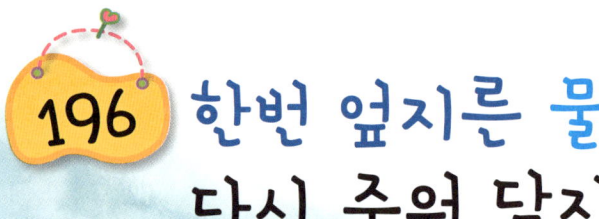

엎지른 물을 다시 주워 담을 수 있나요? 수건으로 닦은 다음 짜낼 수는 있지만, 마실 수는 없지요. 이처럼 한번 뱉은 말이나 행동은 되돌릴 수 없으니 신중해야 한다는 뜻이에요.

197 혀 밑에 도끼 들었다

마치 혀 밑에 도끼를 품고 있는 것처럼
말로 상처를 주는 사람한테 쓰는 말이에요.
또 말을 잘못하면 큰 화를 입게 된다는 뜻으로
쓰이기도 해요.

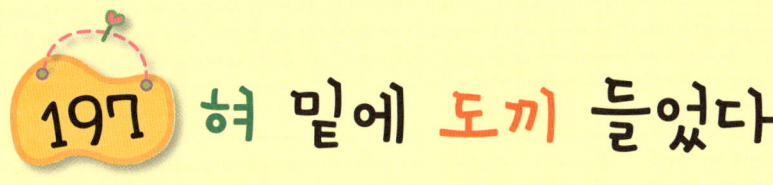

198 형만한 아우 없다

아무리 아우가 뛰어나다 해도
형만 못하다는 말이에요.

199 호미로 막을 것을 가래로 막는다

강둑에 난 구멍이 처음에는
호미로 막을 정도로 작았는데,
그냥 두었더니 가래로 막을 정도로 커졌어요.
이처럼 일이 커지기 전에 처리했으면 쉬웠을 것을
내버려 두었다가 일이 커져 버려 큰 힘이 들게
되었을 때 쓰는 말이에요.

200 황소 뒷걸음치다 쥐 잡는다

어쩌다 우연히 이루게 되거나,
알아맞혔을 때 쓰는 말이에요.

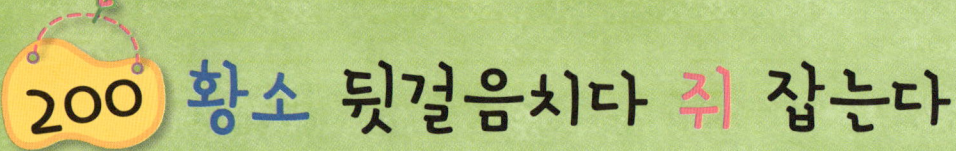

201 호박이 넝쿨째로 굴러들어 온다

뜻밖에 좋은 물건을 얻게 됐을 때 쓰는 말이에요.

초판 1쇄 발행 2024년 4월 20일

발행인 최명산 **글** 해바라기 기획 **그림** 김진경
디자인 토피 디자인실 **마케팅** 신양환
펴낸곳 토피(등록 제2-3228) **주소** 경기도 고양시 덕양구 향동로 201, 지엘 메트로시티 1116호
전화 (02)326-1752 **팩스** (02)332-4672 **홈페이지 주소** http://www.itoppy.com

이 책은 저작권법에 따라 보호받는 저작물이므로 무단 전재와 무단 복제를 금지합니다.
ⓒ2024, 토피 Printed in Korea
ISBN 979-11-89187-27-9

이 도서의 국립중앙도서관 출판시도서목록(CIP)은 서지정보유통지원시스템(http://seoji.nl.go.kr)과
국가자료공동목록시스템(http://www.nl.go.kr/kolisnet)에서 이용하실 수 있습니다. (CIP제어번호 : 2018010847)